ORACIONES
CON PODER
Para mujeres

SANTIAGO 5:16

Germaine Copeland

ORACIONES CON PODER

Para mujeres

Unilit

Sepa

Publicado por
Unilit
Miami, FL 33172

© 2014 por Editorial Unilit (Spanish translation)
Primera edición 2014 (Serie Bolsillo)

Prayers That Avail Much for Women Pocket Edition
© 2004 por Germaine Copeland
38 Sloan St., Roswell, GA 30075
Publicado por Harrison House, Inc.
P O BOX 35035, Tulsa, Oklahoma, 74153, USA.
Todos los derechos reservados.

Prayers That Avail Much es una marca registrada de Word Ministries, Inc., una corporación
de Georgia.

Reservados todos los derechos. Ninguna porción ni parte de esta obra se puede reproducir,
ni guardar en un sistema de almacenamiento de información, ni transmitir en ninguna forma
por ningún medio (electrónico, mecánico, de fotocopias, grabación, etc.) sin el permiso
previo de los editores.

Traducción: Adriana E. Tessore de Firpi
Diseño, portada e interior: Alicia Mejias
Fotografía de la cubierta: © 2013 Elena Schweitzer.
Usado con permiso de www.shutterstock.com.

A menos que se indique lo contrario, las oraciones y confesiones se parafrasearon de
estas versiones.

A menos que se indique lo contrario, el texto bíblico ha sido tomado de la Santa Biblia,
Nueva Versión Internacional *NVI*. Propiedad literaria © 1999 por Biblica, Inc. ™.
Usado con permiso. Reservados todos los derechos mundialmente.
El texto bíblico señalado con RVC ha sido tomado de la versión
Reina Valera Contemporánea *, © Sociedades Bíblicas Unidas, 2009, 2011.
Antigua versión de Casiodoro de Reina (1569), revisada por Cipriano de Valera (1602).
Otras revisiones: 1862, 1909, 1960 y 1995.
Reina Valera Contemporánea* es una marca registrada de Sociedades Bíblicas Unidas y puede
ser usada solo bajo licencia.
El texto bíblico indicado con «NTV» ha sido tomado de la Santa Biblia, Nueva Traducción
Viviente, © Tyndale House Foundation 2008, 2009, 2010. Usado con permiso de Tyndale
House Publishers, Inc., 351 Executive Dr., Carol Stream, IL 60188, Estados Unidos de
América. Todos los derechos reservados.
Las citas bíblicas señaladas con LBLA se tomaron de LA BIBLIA DE LAS AMERICAS*
Copyright (c) 1986, 1995, 1997 por The Lockman Foundation
Usadas con permiso. www.lbla.org.

Disponible en otros idiomas a través de Harrison House.
*Available in other languages from Harrison House LLC, P O Box 35035, Tulsa, Oklahoma
74153, USA, Fax Number 918-523-5747, www.harrisonhouse.com.*

Producto 495546
ISBN 0-7899-1556-1
ISBN 978-0-7899-1556-6

Impreso en Colombia
Printed in Colombia

Categoría: Vida cristiana/Crecimiento espiritual/Oración
Category: Christian Living/Spiritual Growth/Prayer

Esta es la confianza que tenemos al acercarnos a Dios: que si pedimos conforme a su voluntad, él nos oye. Y si sabemos que Dios oye todas nuestras oraciones, podemos estar seguros de que ya tenemos lo que le hemos pedido.

1 JUAN 5:14-15

CONTENIDO

INTRODUCCIÓN

Las oraciones de este libro te ayudarán a aprovechar el poder de Dios en cada aspecto de tu vida, tanto en el hogar como en tu trabajo. En nuestra oficina recibimos muchas llamadas de mujeres de fe que cada día luchan contra una cultura que ya no valora los principios cristianos. Resulta imperativo que cada creyente tenga una activa vida de oración, a fin de poder permanecer firme contra las acechanzas del diablo.

Oraciones con poder para mujeres es una compilación de oraciones que considero que serán de ayuda para tener y mantener un tiempo de oración con Dios. Estas oraciones serán de inspiración y motivación para tu crecimiento espiritual y para tu plenitud emocional.

Si desarrollas una vida de oración eficaz y lees la Biblia con frecuencia, conseguirás tener una relación con Dios el Padre mucho más profunda e íntima. Aprenderás a reconocer y comprender su naturaleza, y a apreciar el valor que te ha dado Él.

Eres una mujer de Dios, una persona nueva y diferente con una forma renovada de pensar y de actuar (Romanos 12:1-2). El Dios que creó a la mujer es el mismo Señor que nos dio la Palabra de poder. Él llama a las mujeres para que lleven las buenas nuevas, y millares de mensajeras las proclamamos (Salmo 68:11).

Mientras aprendes, creces y obtienes logros, estás siendo un reflejo de la gloria de Dios, una demostración de su luz y de su amor, en una cultura que muchas veces parece ser cualquier cosa menos cristiana.

Mi ruego a Dios es que halles fuerza, consuelo, valor y fortaleza mientras haces las *Oraciones con poder para mujeres*.

Germaine Copeland,
PRESIDENTA DE *WORD MINISTRIES, INC.*

Confesiones personales

Jesús es el Señor sobre mi espíritu, mi alma y mi cuerpo (Filipenses 2:9-11).

Jesús se ha hecho para nosotros sabiduría, justificación, santificación y redención. Puedo hacer todas las cosas por medio de Cristo que me fortalece (1 Corintios 1:30, LBLA; Filipenses 4:13).

El Señor es mi pastor. Nada me falta. Mi Dios provee todo lo que necesito conforme a las gloriosas riquezas que tiene en Cristo Jesús (Salmo 23; Filipenses 4:19).

No me preocupo ni me inquieto por nada. No tengo ansiedad (Filipenses 4:6; 1 Pedro 5:6-7).

Pertenezco al Cuerpo de Cristo. Soy redimida de la maldición porque Jesús cargó con mis enfermedades y soportó mis dolores en su cuerpo. Por sus heridas soy sanada. Prohíbo que cualquier enfermedad o dolencia opere en mi cuerpo. Cada órgano y cada tejido de mi cuerpo funcionan con la perfección con que los creó Dios. Honro y glorifico a Dios con mi cuerpo (Gálatas 3:13; Mateo 8:17; 1 Pedro 2:24; 1 Corintios 6:20).

Tengo la mente de Cristo y guardo los pensamientos, los sentimientos y los propósitos de su corazón (1 Corintios 2:16).

Soy una creyente y no una incrédula. Me aferro a mi confesión de fe. Decido andar por fe y practicar la fe. Mi fe viene proviene del oír, y el oír proviene de la palabra de Dios. Jesús es el iniciador y el perfeccionador de nuestra fe (Hebreos 4:14; Hebreos 11:6; Romanos 10:17, RVC; Hebreos 12:2).

El Espíritu Santo ha derramado el amor de Dios en mi corazón, y su amor habita en mí en abundancia. Estoy en el reino de la luz, en amor, en la Palabra; y el maligno no llega a tocarme (Romanos 5:5; 1 Juan 4:16; 1 Juan 5:18).

Aplastaré a las víboras, a las serpientes y a todo poder del enemigo. Tomo mi escudo de la fe para apagar las flechas encendidas del maligno. Más poderoso es el que está en mí que el que está en el mundo (Salmo 91:13; Efesios 6:16; 1 Juan 4:4).

Me rescataron de este mundo malvado. Estoy sentada con Cristo en las regiones celestiales. Me trasladaron al reino del amado Hijo de Dios. La ley del Espíritu de vida en Jesucristo me liberó de la ley del pecado y de la muerte (Gálatas 1:4; Efesios 2:6; Colosenses 1:13; Romanos 8:2).

No tengo temor, porque Dios me ha dado un espíritu de poder, de amor y de dominio propio. Dios está de mi lado (2 Timoteo 1:7; Romanos 8:31).

Escucho la voz del Buen Pastor. Escucho la voz de mi Padre y no seguiré la voz del extraño. Encomiendo mis obras al Señor. Las entrego y las confío plenamente en sus manos. Él hará que mis pensamientos sean conforme a su voluntad, y así mis proyectos se cumplirán y tendrán éxito (Juan 10:27; Proverbios 16:3).

Soy vencedora del mundo porque nací de Dios. Represento bien al Padre y al Hijo. Soy un miembro útil en el cuerpo de Cristo. Soy creación de Dios, recreada en Cristo Jesús. Mi Padre Dios produce en mí tanto el querer como el hacer para que se cumpla su buena voluntad (1 Juan 5:4-5; Efesios 2:10; Filipenses 2:13).

Permito que la Palabra habite en mí abundantemente. El que comenzó tan buena obra en mí la continuará hasta el día de Cristo (Colosenses 3:16; Filipenses 1:6).

Anda en la Palabra

Padre, en el nombre de Jesús, me comprometo a andar en la Palabra. Tu Palabra que habita en mí produce vida en este mundo. Reconozco que tu Palabra es íntegra en sí misma y confío mi vida a sus disposiciones.

Tú pusiste tu Palabra en mi corazón. Habita en mí con abundancia en toda sabiduría. Medito en ella de día y de noche para cumplir con diligencia todo lo que está escrito. La simiente imperecedera habita en mi espíritu y crece produciendo tu divina naturaleza, tu vida. Es mi consejo, mi escudo, mi baluarte y mi poderosa espada en la batalla. La Palabra es una lámpara a mis pies y una luz a mi camino que allana mi senda. No tropezaré porque mis pasos son ordenados según la Palabra.

El Espíritu Santo me guía a toda verdad. Me da entendimiento, discernimiento y comprensión para que yo esté a salvo de las trampas del maligno.

Me deleito en ti y en tu Palabra. Debido a eso, tú pones tus deseos en mi corazón. Encomiendo a ti mi camino y tú actuarás. Confío en que tú estás obrando en mí produciendo tanto el querer como el hacer para que se cumpla tu buena voluntad.

Exalto tu Palabra y la tengo en gran estima, la pongo en primer lugar y planeo mi vida en torno a ella. Tu Palabra es la autoridad suprema que da respuesta a todos los interrogantes. Decido estar de acuerdo con la Palabra de Dios y en desacuerdo con cualquier pensamiento, condición o circunstancia que sean contrarios a tu Palabra. Con absoluta certeza y firmeza declaro que mi corazón está aferrado y fundado en el cimiento sólido, ¡la Palabra viva de Dios!

Referencias bíblicas
- Salmos 37:4-5, 23; 91:4; 112:7-8; 119:105
- Hebreos 4:12
- Colosenses 1:9; 3:16; 4:2
- Josué 1:8
- 1 Pedro 1:23; 3:12
- Juan 16:13
- Efesios 6:10
- Lucas 18:1
- Filipenses 2:13
- 2 Corintios 10:5

Glorifica a Dios

Padre, por tu misericordia, ofrezco mi cuerpo como sacrificio vivo, santo, agradable a ti como acto de adoración espiritual. Tú estás obrando en mi vida, dándome las fuerzas y produciendo el poder y el deseo para que se cumpla tu buena voluntad.

Padre, no volveré atrás con temor, porque eso no será de tu agrado. Me compraste por un precio y me hiciste tuya. Por tanto, te honraré y te daré la gloria con mi cuerpo.

Cuando te invoqué en el día de la angustia, tú me libraste; yo te honré y glorifiqué. Gracias por liberarme del dominio de la oscuridad y trasladarme al reino de tu amado Hijo. Confieso y alabo tu nombre, oh Señor mi Dios, con todo mi corazón; y glorifico tu nombre eternamente y para siempre.

Como sierva de Jesucristo, recibo y desarrollo los talentos que me ha dado porque quiero que me digas: «¡Hiciste bien, sierva buena y fiel!». Uso mis dones (facultades, talentos, cualidades) conforme a la gracia que se me ha dado. Dejo que mi luz brille delante de los hombres para que vean mi excelencia moral y mis obras buenas, nobles y dignas de alabanza, y te reconozcan, te honren, te alaben y te glorifiquen a ti, mi Padre.

En el nombre de Jesús, permito que mi vida exprese la verdad en todas las cosas; porque hablo la verdad, trato con la verdad y vivo la verdad. Todo lo que hago, lo que sea, de palabra o de obra, lo hago en el nombre del Señor Jesús y en dependencia total de su persona. Cualquiera que sea mi tarea, la hago de buena gana (de corazón), como algo hecho para el Señor y no para los hombres. Padre Dios, a ti sea toda la gloria, el honor y la alabanza. Amén.

Referencias bíblicas
- Romanos 12:1, 6
- Filipenses 2:13
- Hebreos 10:38b
- 1 Corintios 6:20
- Salmos 50:15; 86:12
- Colosenses 1:13; 3:17, 23
- Mateo 5:16; 25:21
- Efesios 4:15

Conoce la voluntad de Dios

Padre, te doy gracias porque me instruyes en el camino que debo seguir, y me aconsejas y velas por mí. En el nombre de Jesús, me someto a tu voluntad, tu plan y tu propósito para mi vida. Escucho la voz del Buen Pastor porque te conozco y te sigo. Me guías por sendas de justicia por amor a tu nombre.

Gracias, Padre, porque el esplendor de mi senda va en aumento hasta que el día alcanza su plenitud. Al seguirte, Señor, veo que mi camino se va haciendo cada vez más claro.

Gracias, Padre, por haber hecho a Jesús mi sabiduría. La confusión no es parte de mi existencia. No estoy confundida en cuanto a tu voluntad para mi vida. Confío en ti y no me apoyo en mi propio entendimiento. Al reconocerte en todos mis caminos, tú enderezas mis sendas. Creo que si confío plenamente en ti, me mostrarás el camino de la vida.

Referencias bíblicas
- Salmos 16:11; 23:3; 32:8
- Juan 10:3-4
- Proverbios 3:5-6, RVC; 4:18
- Efesios 5:19
- 1 Corintios 1:30; 14:33, LBLA

Sabiduría divina en los asuntos de la vida

Padre, tú dijiste que si a alguien le faltaba sabiduría, podía pedírtela a ti y le sería dada. Por tanto, te ruego que me des el pleno conocimiento de tu voluntad y que me concedas sabiduría y comprensión espiritual. Mi oído inclino hacia la sabiduría y de corazón me entrego a la inteligencia.

En el nombre de Jesús, adquiero sabiduría y disciplina. Discierno palabras de inteligencia. Como persona sabia y entendida, aumento mi saber y recibo dirección (de modo que pueda ser capaz de dirigir mi camino como es debido).

La sabiduría cuida mi vida. La estimo y la exalto en gran manera; me honrará porque la abrazo. Pone en mi cabeza una hermosa diadema, una bella corona de gloria. Con la mano derecha ofrece larga vida; con la izquierda, honor y riquezas.

A Jesús Dios lo ha hecho nuestra sabiduría, y en Él están los tesoros de la sabiduría (divina) y del conocimiento (espiritual). Dios ha escondido la sabiduría sana y piadosa y la reservó para mí, para que en Cristo recibiera la justicia de Dios.

Por lo tanto, andaré por sendas de rectitud. Cuando ande, no encontraré obstáculos (mi camino estará despejado y abierto); y cuando corra, no tropezaré. Me aferro a la instrucción y no la dejo escapar; la cuido bien, pues es mi vida. Pongo la mirada en lo que tengo delante (con un propósito fijo), y mi vista en lo que está frente a mí. Enderezo las sendas por donde ando, y allano todos mis caminos.

Padre, en el nombre de Jesús, ¡tengo cuidado de mi manera de vivir! Quiero hacerlo con un propósito, de manera digna y apropiada, no como necia, sino como una persona sabia, sensible e inteligente. Quiero aprovechar al máximo cada momento oportuno.

Referencias bíblicas
- Proverbios 1:2-5; 2:2, 7; 3:16; 4:6, 8-9, 11-13, 25-26
- Santiago 1:5-6
- Colosenses 1:9, NTV
- 2 Corintios 5:21, RVC
- 1 Corintios 1:30
- Colosenses 2:3
- Efesios 5:15-16

Ten cuidado con lo que dices

Padre, en este día quiero hacer un compromiso contigo, en el nombre de Jesús, y renunciar a las palabras indecentes y las conversaciones necias que son contrarias a mis verdaderos deseos. Una palabra pronunciada por mi boca puede parecer sin importancia, pero puede lograr casi todo o destruirlo.

En el nombre de Jesús, me someto a la sabiduría piadosa, la cual me ayuda a dominar mi lengua. Estoy decidida a que el infierno no haga que mi lengua encienda un fuego. Padre, renuncio, rechazo y me arrepiento de cada palabra que haya salido de mi boca contra ti y contra tu reino. Anulo su poder y dedico mi boca a hablar cosas excelentes.

Debido a que me hiciste justicia de Dios en Cristo Jesús, ordeno mi vida para la obediencia, la abundancia, la sabiduría, la salud y el gozo. Oh Señor, pon un freno en mi boca; cuida la puerta de mis labios. Me propongo guardar mi boca y mi lengua para liberarme de muchas angustias.

Padre, tus palabras están en la máxima prioridad para mí. Son espíritu y vida. Permito que la Palabra habite en mi ser con toda su riqueza y su sabiduría. La capacidad de Dios se libera de mi interior mediante las palabras que pronuncio y por la Palabra de Dios que creo de corazón. Tus palabras están vivas y activas dentro de mí. Por eso con valor aseguro que mis palabras son palabras de fe, palabras de poder, palabras de amor y palabras de vida que producen cosas buenas en mi vida y en la vida de los demás, en el nombre de Jesús.

Referencias bíblicas
- Efesios 4:27; 5:4
- 2 Timoteo 2:16
- Santiago 1:6; 3:5
- Proverbios 4:23; 8:6-7; 21:23
- 2 Corintios 5:21
- Juan 6:63
- Colosenses 3:16
- Filemón 6

Vive libre de la preocupación

Padre, te doy gracias porque me has librado del dominio de la oscuridad y me trasladaste al reino de tu amado Hijo. Me comprometo a vivir libre de toda preocupación, porque la ley del Espíritu de vida en Jesucristo me ha liberado del poder del pecado y de la muerte.

Me humillo bajo tu poderosa mano para que en el momento oportuno tú me exaltes. Deposito en ti toda mi ansiedad y mis preocupaciones *(nómbralas)*. Me cuidas con esmero y atención. Tú me sostienes. ¡No permitirás que el justo caiga y quede abatido para siempre!

Padre, me deleito en ti y tú me perfeccionas. Destruyo todo argumento y toda altivez que se levanta contra el conocimiento de ti, y llevo cautivo todo pensamiento para que se someta a la obediencia de Cristo. Me despojo del lastre que me estorba y el pecado de la preocupación que con tanta facilidad me asedia. Y corro con perseverancia la carrera que tengo por delante, con la mirada fija en Jesús, el iniciador y perfeccionador de mi fe.

Gracias, Padre, porque tú eres capaz de guardar lo que he puesto en tus manos. Y concentro mi mente para que piense en todo lo verdadero, todo lo respetable, todo lo justo, todo lo puro, todo lo amable, todo lo digno de admiración, todo lo que sea excelente o merezca elogio. No permitiré que mi corazón esté preocupado. Habito en tu palabra y tu Palabra habita en mí. Por lo tanto, Padre, no me olvido de lo que soy. Me fijo atentamente en la ley perfecta que da libertad y persevero en ella, no siendo un oidor olvidadizo, sino un hacedor de la Palabra, ¡por eso recibo bendición al ponerla en práctica!

Gracias, Padre. Estoy libre de preocupaciones. Y ando en la paz que sobrepasa todo entendimiento, ¡en el nombre de Jesús!

Referencias bíblicas:
- Colosenses 1:13
- Romanos 8:2
- 1 Pedro 5:6-7
- Salmos 37:4-5; 55:22; 138:8
- 2 Corintios 10:5
- Hebreos 12:1-2
- 2 Timoteo 1:12
- Filipenses 4:6, 8
- Juan 14:1; 15:7
- Santiago 1:22-25

Sanidad del abuso

Señor, tú eres mi Sumo Sacerdote, y te pido que me liberes de mi «enfermedad». El abuso padecido me produce culpa y condenación. Me han encerrado dentro de una prisión emocional y no puedo salir sola. Tú me llamaste y acudo a ti.

Gracias por el ungido que sana a los quebrantados y las heridas emocionales del pasado. Jesús, tú eres la Verdad que me hace libre.

Gracias por guiar mis pasos hacia la plenitud emocional. Has comenzado en mí la buena obra y la irás perfeccionando hasta el día de Jesucristo.

Padre, deseo vivir según el Espíritu de vida en Cristo Jesús. El Espíritu de vida en Cristo, como un viento recio, ha limpiado el aire, liberándome de aquel condenado momento de mi vida de tiranía brutal a manos del abuso.

Al recibir libertad, deseo poder olvidar las cosas del pasado y aferrarme a lo que vendrá.

Prosigo a la meta para ganar el premio supremo y celestial por el que me has llamado en Cristo Jesús. El pasado ya no controlará mis pensamientos ni mi conducta.

¡Gloria a ti, Señor! Soy una nueva criatura en Cristo Jesús. Las cosas viejas pasaron y ahora todas han sido hechas nuevas. Declaro y decreto que de ahora en adelante andaré en novedad de vida.

Padre, me arrepiento y renuncio a odiarme y a condenarme. Soy tu hija. Enviaste a Jesús para que yo pueda tener vida, y la tenga en abundancia. Gracias por la sangre de Jesús que me permite ser plena.

Deseo arrojar a la basura toda inmundicia y maldad. Mi Señor, tú eres el Sembrador de mi corazón. En sencilla humildad, te pido que siembres en mí tu Palabra, porque tiene el poder para salvar mi alma.

Padre, por tu gracia, perdono a quien abusó de mí y te pido que lo lleves al arrepentimiento. En el nombre de Jesús te lo pido. Amén.

Referencias bíblicas
- Lucas 13:11-12
- Juan 8:32; 10:10; 14:6
- Filipenses 1:6; 3:13-14
- Romanos 6:4; 8:2
- 2 Corintios 5:17
- 1 Juan 1:7; 3:1-2
- Santiago 1:21, NTV
- Mateo 5:44
- 2 Pedro 3:9

Deja atrás el pasado

Padre, reconozco que no puedo salvarme a mí misma, y me glorío en lo que Cristo Jesús ha hecho por mí. Dejo atrás todo lo que era para mí ganancia, y lo considero como pérdida a fin de ganar a Cristo y encontrarme unida a Él.

Señor, recibí a tu Hijo y Él me ha dado la autoridad (el poder, el privilegio y el derecho) de ser tu hija.

Despliego mi pasado y pongo en la perspectiva adecuada las cosas que quedaron atrás. He sido crucificada con Cristo, y ya no vivo yo, sino que Cristo vive en mí. Lo que ahora vivo en el cuerpo, lo vivo por la fe en el Hijo de Dios, quien me amó y dio su vida por mí. Confío en ti, Señor, de todo corazón y no en mi propia inteligencia. Te reconozco en todos mis caminos, y tú allanarás mis sendas.

Quiero conocer a Cristo y el poder de su resurrección, y participar de sus sufrimientos, llegar a ser semejante a Él en su muerte y alcanzar la resurrección de entre los muertos.

No es que yo sea perfecta, si ni siquiera he aprendido lo necesario, pero sigo adelante esforzándome hasta aquel día en que sea como Cristo quiere que sea, para lo cual me salvó.

Pongo todas mis energías y mi esfuerzo en esto: Dejo atrás el pasado y me concentro en lo que está delante. Me esfuerzo por llegar a terminar la carrera y recibir el premio que tú me ofreces mediante tu llamamiento celestial gracias a lo que Cristo Jesús hizo por mí. En su nombre te lo pido. Amén.

Referencias bíblicas
- Filipenses 3:7-14
- Salmo 32:5
- Gálatas 2:20
- Proverbios 3:5-6
- Juan 1:12
- Romanos 6:4

Fortaleza para superar preocupaciones y cargas

¿Por qué te preocupas, oh alma mía? ¿Y por qué habré de angustiarme e inquietarme?

Padre, tú resistes a los soberbios, pero das gracia a los humildes. Me someto a ti, Dios mío. En el nombre de Jesús, resisto al diablo y él huye de mi lado. Jesús, acudo a ti porque estoy cargada y agobiada. Tú me haces descansar (tú aligeras, alivias y refrescas mi alma). Tomo tu yugo y aprendo de ti, pues eres manso y humilde de corazón. Gracias por darme el descanso (alivio, refrigerio, recreación y una bendecida calma) para mi alma. Tu yugo es fácil (suave, no es rudo, ni duro, ni afilado, ni opresor, sino que es cómodo, benévolo y agradable). Tu carga es liviana y fácil de llevar.

Dejo mis cargas en ti, Señor (abandonando ese peso), y tú me sostendrás. Gracias porque jamás permitirás que caiga ni quede abatida para siempre.

En el nombre de Jesús, resistiré al diablo. Estoy firme en mi fe (bien fundada, establecida, sólida, inamovible y determinada). Descanso de mis obras (y de mi dolor y sufrimiento), y me esfuerzo por entrar en el reposo de Dios (al conocerlo y experimentarlo yo misma).

Padre, te agradezco porque tu presencia va conmigo y me haces descansar. Permaneceré quieta y descansaré en ti, Señor; en ti espero con paciencia. No me angustiaré ni me acobardaré. Mi esperanza está en ti, Dios mío, y esperaré en ti; porque aun he de alabarte; porque tú eres mi ayuda y mi Dios.

Referencias bíblicas
- Salmos 37:7; 42:11; 55:22; 127:1
- Santiago 4:6-7
- Mateo 11:28-30
- 1 Pedro 5:9
- Hebreos 4:10-11
- Éxodo 33:14, RVC
- Juan 14:27

Sanidad para las emociones dañadas

Padre, en el nombre de Jesús, vengo a ti avergonzada y con las emociones heridas. Te confieso mis transgresiones y te revelo todo mi pasado. Tú eres fiel y justo para perdonarme y limpiarme de toda maldad. Tú eres mi refugio y me protegerás del peligro. Me rodeas con cánticos de salvación. Me conoces desde que me formaste en el vientre de mi madre. ¡Soy una creación admirable! Soy obra de tus manos, recreada en Cristo Jesús.

Padre, me has librado del espíritu de temor. No seré avergonzada, confundida, ni me deprimiré. Me has dado corona en vez de cenizas, aceite de alegría en vez de luto, y traje de fiesta en vez de espíritu de desaliento, para que sea llamada roble de justicia, plantío del Señor, para mostrar tu gloria. Me expreso con salmos, himnos y canciones espirituales, cantando con mi voz y alabando con mi corazón. Tal como lo hizo David, encuentro mi valor en el Señor.

Padre, gracias por Jesús. Él fue traspasado y molido por mis rebeliones, y resucitó para asegurar mi absolución, para que ya no tenga culpa delante de ti. Padre, tú ungiste a Jesús y lo enviaste para sanar mi corazón herido. Me liberaste de la vergüenza de mi juventud y de las imperfecciones de quienes me criaron. En el nombre de Jesús, decido perdonar a todos los que me causaron alguna clase de daño. Padre, tú nunca me has abandonado. Me siento consolada y alentada por lo que puedo decir con absoluta confianza: «El Señor es quien me ayuda; no temeré. ¿Qué me puede hacer un simple mortal?».

Mi espíritu es la lámpara del Señor escudriñando lo más recóndito del ser, y el Espíritu Santo me guía a toda verdad. Los sufrimientos de la vida presente no se pueden comparar con la gloria que será revelada para mí, en mí y sobre mí. El necesario castigo para obtener mi paz y bienestar recayó sobre Él y por sus heridas fui sanada. Como coheredera con Jesús tengo una feliz y confiada esperanza de salvación eterna, que jamás habrá de decepcionarme, ni engañarme ni avergonzarme.

Padre, gracias por tu amor que ha sido derramado en mi corazón por medio de tu Espíritu Santo que me has dado.

Referencias bíblicas
- Salmos 32:5-7; 139
- 1 Juan 1:9
- Deuteronomio 30:19
- Efesios 2:10; 5:19
- 2 Timoteo 1:7
- Isaías 53:5b; 54:4; 61:1, 3
- Romanos 4:24-25; 5:3-5; 8:18
- Marcos 11:25
- Hebreos 13:5-6
- Proverbios 20:27
- Juan 16:13

Victoria en un estilo de vida saludable

Padre, soy tu hija y Jesús es Señor sobre mi espíritu, mi alma y mi cuerpo. Te alabo porque soy una creación maravillosa. Tus obras son admirables y eso lo sé muy bien.

Señor, gracias por declarar tus planes para mí; planes de bienestar y no de calamidad, a fin de darme un futuro y una esperanza. Decido renovar mi mente a tus planes de un estilo de vida saludable. Me has dado prudencia y sabiduría. Por tanto, me fijaré por dónde ando. Enséñame buen juicio y conocimiento.

Mi cuerpo es para el Señor. Por eso, esto es lo que quiero hacer con tu ayuda, Padre: Quiero presentarte mi vida cotidiana (mi descanso, lo que como, mi trabajo y el andar por la vida) como una ofrenda ante ti. Acepto que lo que tú hagas por mí es lo mejor que puedo hacer por ti.

Cristo el Mesías sea exaltado y reciba toda la gloria y la alabanza en este cuerpo, y sea exaltado en toda mi persona. Gracias, Padre, en el nombre de Jesús. ¡Aleluya! Amén.

Referencias bíblicas
- Salmos 119:66, LBLA; 139:14
- Jeremías 29:11
- Proverbios 14:15
- Romanos 12:1
- Filipenses 1:20

Victoria sobre el temor

Padre, cuando tenga miedo, pondré en ti mi confianza. Sí, confiaré en tus promesas. Y como confío en ti, ¿qué puede hacerme un simple mortal?

No me has dado un espíritu de timidez, sino de poder, de amor y de dominio propio. Por tanto, no me avergüenzo de dar testimonio de nuestro Señor. No he recibido un espíritu de esclavitud para volver otra vez al temor, sino que he recibido el espíritu de adopción como hija por el cual clamo: «¡Abba, Padre!».

Jesús, tú me has dado libertad porque me pasaba la vida con miedo a la muerte. Recibo el regalo que preparaste para mí: paz en mi mente y en mi corazón. Y la paz que tú das no es frágil como la paz que da este mundo. Desecho los pensamientos perturbadores y no me angustio. Creo en Dios; y creo también en ti.

Señor, tú eres mi luz y mi salvación. Tú me proteges del peligro, ¿de quién temeré? Cuando los malvados me atacan para destruirme, tropezarán y caerán. Sí, aun cuando un ejército me asedie, no temerá mi corazón. Confío en que tú me librarás.

Gracias, Espíritu Santo, por traer estas cosas a mi mente cuando me veo tentada a tener temor. Confiaré en mi Dios. En el nombre de Jesús te lo pido. Amén.

Referencias bíblicas
- Salmos 27:1-3; 56:3-5
- 2 Timoteo 1:7-8
- Romanos 8:15, LBLA
- Hebreos 2:15
- Juan 14:1, 17

Cómo superas el desánimo

Señor, he agotado todas mis posibilidades y he descubierto que soy incapaz de modificar mi situación. Yo creo, ayúdame en mi poca fe. Todo es posible contigo. Me humillo ante ti y tú me exaltarás.

Jesús, tú eres mi gran Sumo Sacerdote que ha atravesado los cielos, y yo me aferro a la fe que profeso. Tú te compadeces de mis debilidades porque fuiste tentado en todo, como yo, pero sin pecado. En tu nombre me acerco confiadamente al trono de la gracia para recibir misericordia y hallar la gracia que me ayuda en mi momento de mayor necesidad.

Tú eres poderoso para liberar. Tu mano poderosa aparta las fuerzas que se me oponen. Tú eres el Señor, Yahvé, el cumplidor de promesas y el Todopoderoso.

Padre, sé que has escuchado mi clamor, y viviré para ver tus promesas de liberación cumpliéndose en mi vida. No has olvidado ni una sola palabra de tu promesa; eres un Dios cumplidor de pactos. Eres un Padre para mí. Gracias por haberme librado del pasado que me mantenía atada y haberme trasladado al Reino de amor, gozo y justicia. Ya no me conformo con el dolor del pasado. Donde abunda el pecado, más abundará la gracia.

Padre, me apropiaré de lo que has prometido, en el nombre de Jesús. Estoy dispuesta a librar la buena batalla de la fe, y a correr con paciente resistencia y firme perseverancia la carrera que tengo por delante. Rechazo el espíritu de temor, porque soy establecida en justicia. No me cercarán ni la opresión ni la destrucción. Cualquier cosa que me ataque, no se me acercará y se rendirá. Soy más que vencedora por medio de Aquel que me ama. En el nombre de Jesús te lo pido. Amén.

Referencias bíblicas
(Esta oración se basa en Éxodo 5:22–6:11
e incluye otros pasajes cuando es pertinente).

- Marcos 9:24
- Lucas 18:27
- 1 Pedro 5:6
- Hebreos 4:14-16; 12:1
- Éxodo 6:3-4
- Génesis 49:22-26
- 1 Reyes 8:56
- Deuteronomio 26:8
- Colosenses 1:13
- Romanos 5:20; 8:37
- 1 Timoteo 6:12
- Isaías 54:14-16

Cómo superas la intimidación

Padre, me acerco a ti en el nombre de Jesús, para confesarte que la intimidación me ha hecho tropezar. Te pido que me perdones por pensar que soy inferior, ya que me creaste a tu imagen y soy obra de tus manos. Jesús dijo que el reino de Dios está en mí. Por tanto, el poder que levantó a Jesús de los muertos habita en mí y hace que pueda enfrentar la vida con esperanza y energía divina.

El Señor es mi luz y mi salvación; ¿a quién temeré? El Señor es la fortaleza de mi vida; ¿de quién habré de atemorizarme? Señor, tú dijiste que jamás me dejarías ni me abandonarías. Por lo tanto, puedo afirmar sin ninguna duda ni temor que tú eres mi Ayudador, no temeré lo que me pueda hacer un simple ser humano. Mayor es el que está en mí que el que está en el mundo. Si Dios está de mi lado, ¿quién puede estar en mi contra? Soy libre de temerles al hombre y a la opinión pública.

Padre, tú no me has dado un espíritu de timidez, de cobardía, de vergüenza ni de temor; sino que me has dado un espíritu de poder, de amor, de equilibrio mental, de disciplina y de dominio propio. Todo lo puedo en Cristo que me fortalece. Amén.

Referencias bíblicas
- 1 Juan 1:9; 4:4
- Lucas 17:21
- Colosenses 1:29
- Hebreos 13:5
- Romanos 3:31
- 2 Timoteo 1:7
- Efesios 1:19-20; 2:10
- Proverbios 29:25
- Filipenses 4:13

Cómo superas la sensación de desesperanza

Padre, me acerco confiadamente ante tu trono de gracia para recibir misericordia y gracia que me ayude en este momento de necesidad.

Oh, Dios, tú eres la esperanza de mi salvación. Te pido que escuches mi oración y no pases por alto mi súplica.

Clamo a ti, mi Dios, para que me rescates. Tú eres el redentor de mi vida con paz y me rescatas de la batalla de desesperanza que se libra en contra de mí. En ti dejo mi carga, Señor (y abandono el peso), y tú me sostienes; jamás permitirás que el justo sea conmovido (ni que resbale, caiga o fracase).

Cuando tenga miedo, elegiré confiar y descansar en ti. Dios mío (con tu ayuda), alabo tu Palabra. Por fe proclamo y me aferro a tu amor incondicional, y no tendré temor. Si Dios es por mí, ¿quién será contra mí?

Tú conoces cuando me desvelo. Cada lágrima y cada dolor reciben como respuesta tu promesa. Te doy gracias de todo corazón. Tú me libras de tropiezos.

¿Qué habría sido de mí, Señor, si no hubiera creído que vería tu bondad en la tierra de los vivientes? Pongo mi esperanza en ti, Señor; tengo valor y cobro ánimo; dejando que mi corazón sea fuerte y perseverante.

Padre, te entrego todas mis preocupaciones, porque tú siempre piensas en mí y me cuidas vigilando todo lo que me concierne. Estoy centrada y atenta ante los ataques de Satanás, mi gran enemigo. Por tu gracia permanezco firme, confiando en ti, y te pido que fortalezcas a otros cristianos que estén pasando por estos mismos sufrimientos. Tú, oh Dios, estás lleno de bondad, y por medio de Cristo me darás tu gloria eterna.

En el nombre de Jesús, soy vencedora por medio de la sangre del Cordero y por el mensaje de mi testimonio. Amén.

Referencias bíblicas
- Hebreos 4:16
- Salmos 55:1; 56:5, 8, 13
- Salmos 27:13-14; 55:1, 5, 16, 18, 22; 56:2, 4
- 1 Pedro 5:7-9
- Apocalipsis 12:11

Deja atrás la amargura

Padre, la vida parece ser muy injusta a veces. El dolor que produce el rechazo es más de lo que puedo soportar. Mis relaciones anteriores terminaron en conflictos, enojo, rechazo y separación. Señor, ayúdame a abandonar toda amargura, indignación, ira (cólera, furia, mal carácter), y resentimiento (enojo, animosidad).

Tú eres quien restaura y sana al quebrantado de corazón. Recibo tu unción que destruye todo yugo de esclavitud. Por fe recibo la sanidad emocional y te agradezco por darme la gracia para permanecer firme hasta que se termine el proceso.

Gracias por los consejeros sabios. Reconozco al Espíritu Santo como mi maravilloso Consejero. Gracias por ayudarme a que me ocupe de mi salvación con temor y temblor. Todo el tiempo obras en mí, dándome el deseo y el poder para hacer lo que te agrada.

En el nombre de Jesús, decido perdonar a los que me hicieron mal. Me propongo vivir una vida de perdón porque tú me perdonaste. Con la ayuda del Espíritu Santo, abandono toda amargura, ira, enojo, gritos, calumnia y toda forma de malicia. Deseo ser amable y compasiva para con los demás, perdonándolos así como tú, Cristo, me perdonaste.

Con la ayuda del Espíritu Santo, me esfuerzo por buscar la paz con todos, y la santidad, pues sé que sin santidad nadie te verá, Señor. Quiero asegurarme de no dejar de alcanzar tu gracia, para que ninguna raíz amarga brote y cause dificultades y corrompa a muchos. Estaré atenta y oraré para no caer en tentación ni ser de tropiezo a los demás.

Gracias, Padre, por hacerme libre. A quienes el Hijo libera, ¡serán verdaderamente libres! He superado el resentimiento y la amargura por la sangre del Cordero y por el mensaje de mi testimonio. En el nombre de Jesús. Amén.

Referencias bíblicas

- Efesios 4:31-32
- Lucas 4:18
- Isaías 10:27
- Proverbios 11:14
- Juan 8:36; 15:26
- Filipenses 2:12-13
- Mateo 5:44; 26:41
- Hebreos 12:14-15
- Romanos 14:21
- Jeremías 1:12
- Apocalipsis 12:11

Salud y sanidad

Padre, en el nombre de Jesús, vengo ante ti para pedirte que me sanes. Está escrito que la oración de fe sanará al enfermo y el Señor lo levantará. Y si he cometido pecado, seré perdonada. Por eso desecho toda falta de perdón, resentimiento, enojo y malos sentimientos hacia todos.

Mi cuerpo es templo del Espíritu Santo y busco la verdad que me hará libre, tanto de manera espiritual como física (buenos hábitos alimenticios, medicamentos si son necesarios, descanso adecuado y ejercicio físico). Me compraste por un precio y deseo glorificarte en mi espíritu y en mi cuerpo porque ambos te pertenecen.

Gracias, Padre, por enviar tu Palabra para sanarme y librarme de la destrucción. Jesús, tú eres el Verbo, la Palabra viva, que se hizo carne y habitó entre nosotros. Tú cargaste mis penas (dolores) y llevaste mis tristezas (enfermedades). Te traspasaron por mis transgresiones y te molieron por mis iniquidades; el castigo por mi bienestar recayó sobre ti, y por tus heridas soy sanada.

Padre, presto atención a tus palabras e inclino mi oído a tus dichos. No pierdo de vista tus palabras, y las guardo muy dentro de mi corazón, porque son vida y salud para mi cuerpo.

Puesto que el Espíritu que levantó a Jesús de entre los muertos vive en mí, el mismo que levantó a Cristo de entre los muertos también dará vida a mi cuerpo mortal por medio de su Espíritu que vive en mí.

Gracias por perdonar todas mis iniquidades y sanar todas mis enfermedades. Prosperaré en todas las cosas y tendré salud, a la vez que mi alma prospera. Amén.

Referencias bíblicas
- Santiago 5:15
- 1 Corintios 6:19-20
- Salmos 103:3-5; 107:20
- Juan 1:14
- Isaías 53:4-5
- Proverbios 4:21-22
- Romanos 8:11
- 3 Juan 2, RVC

Seguridad

Padre, en el nombre de Jesús, te doy gracias porque estás alerta para que se cumpla tu Palabra. En el nombre de Jesús, habito al abrigo del Altísimo y me acojo a la sombra del Todopoderoso (cuyo poder no puede soportar el enemigo).

Padre, tú eres mi refugio y mi fortaleza. Ningún mal habrá de sobrevenirme, ninguna calamidad llegará a mi hogar. Tú les ordenas a tus ángeles que me cuiden (me defiendan) en todos mis caminos (de obediencia y servicio). Ellos acampan a alrededor de mi familia.

Padre, tú eres mi confianza firme y fuerte, guardando mis pies para librarme de caer en una trampa. Gracias por mantenerme segura y acompañarme día tras día.

Al viajar: Cuando salgo, digo: «Crucemos al otro lado», y obtengo lo que pido. Recorro tranquila mi camino porque mi corazón y mis pensamientos en ti perseveran y tú me guardas en perfecta paz.

Al dormir: Padre, canto sobre mi cama porque tú me sustentas. En paz me acuesto porque solo tú, Señor, me haces vivir confiada. Me acuesto y no tengo temor. Tengo dulces sueños porque tú bendices mi descanso. Gracias, Padre, en el nombre de Jesús. Amén.

¡Continúa disfrutando y meditando sobre todo el Salmo 91 por ti y tus seres queridos!

Referencias bíblicas
- Salmos 3:5; 34:7, RVC; 112:7; 127:2; 149:5
- Salmos 4:8; 91:1-2, 10-11, NTV
- Jeremías 1:12
- Proverbios 3:23-24, 26, RVC
- Isaías 26:3; 49:25
- Marcos 4:35

Un sueño reparador

Padre, gracias por el sueño reparador, y ángeles que acampan alrededor de los que te temen. Tú eres el que nos liberta y nos mantiene a salvo. Los ángeles son paladines poderosos que ejecutan tu palabra y tú les encomiendas que me cuiden y me guarden en todos mis caminos.

Presento cada pensamiento, cada idea y cada sueño y los someto a la cautividad en obediencia a Jesucristo. Padre, te agradezco que cuando duermo, mi corazón me aconseja y me revela tus planes y propósitos. Gracias por los dulces sueños. Por lo tanto, mi corazón se alegra y mi espíritu se regocija. Mi cuerpo y mi alma descansan seguros, sin temor alguno. Amén.

Referencias bíblicas
- Salmos 16:7-9, LBLA; 91:11; 103:20; 127:2
- Proverbios 3:24
- Mateo 16:19; 18:18
- 2 Corintios 10:5

Prosperidad

Padre, vengo ante ti, en el nombre de Jesús, preocupada por mi situación económica. Tú eres mi ayudador cuando tengo problemas, y eres más que suficiente. Tu Palabra declara que suplirás todas mis necesidades conforme a tus riquezas en gloria en Cristo Jesús.

(Si no has estado diezmando ni ofrendando, incluye esta frase de arrepentimiento en tu oración). Perdóname por haberte robado en mis diezmos y ofrendas. Me arrepiento y me propongo traer mis diezmos para los fondos del templo para que haya alimento en tu casa. Te doy gracias por los consejeros financieros y los maestros sabios que me enseñan los principios de la buena mayordomía.

Señor Todopoderoso, tú dijiste: «Pruébenme en esto [...] y vean si no abro las compuertas del cielo y derramo sobre ustedes bendición hasta que sobreabunde». Tú reprenderás al devorador a mi favor y mi corazón está lleno de gratitud.

Señor, mi Dios, recordaré que tú eres quien me da el poder para hacer las riquezas a fin de confirmar tu pacto. En el nombre de Jesús, te adoro solo a ti y no tengo dioses ajenos delante de mí.

Tú eres poderoso para hacer que toda gracia, todo favor y toda bendición terrenal sean sobre mí con toda abundancia para buenas obras y donaciones de caridad. Amén.

Referencias bíblicas
• Salmo 56:1
• Filipenses 4:19
• Malaquías 3:8-12
• Deuteronomio 8:18-19
• 2 Corintios 9:8

Desarrolla amistades saludables

Padre, ayúdame a hacer nuevas amistades, amigos que me sirvan de aliento. Que pueda encontrar en estas amistades el compañerismo y la comunión que tú has preparado para mí. Sé que tú eres mi fuente de amor, compañerismo y amistad. Tu amor y tu amistad se expresan a través de mi relación contigo y los miembros del Cuerpo de Cristo.

Según lo que expresa Proverbios 27:17, el hierro se afila con el hierro, y el hombre en el trato con el hombre. Permite que al aprender unos de otros, descubramos un propósito válido en nuestra relación. Ayúdame a mantener el equilibrio en mis amistades, a fin de poder agradarte siempre a ti, en vez de procurar agradar a la gente.

Te pido que me des relaciones divinas, buenas amistades preparadas por ti. Gracias por el valor y la gracia para abandonar las amistades negativas. Pido y recibo, por fe, el discernimiento para desarrollar relaciones saludables. Tu Palabra dice que mejor son dos que uno, porque si uno cae, habrá quien lo levante.

Padre, tú conoces el corazón de las personas, de manera que no me engañarán las apariencias. Las malas compañías corrompen las buenas costumbres. Gracias por los buenos amigos que me ayudan a edificar mi carácter y a acercarme a ti. Ayúdame a ser un buen amigo para los demás y a amar a mis amigos en todo tiempo. Reiré con los que ríen, me regocijaré con los que se regocijan y lloraré con los que lloran. Enséñame lo que necesito saber para ser un buen amigo.

Desarrolla en mí una personalidad divertida y un buen sentido del humor. Ayúdame a relajarme cuando estoy con la gente y a ser yo misma, la persona que tú creaste. Enséñale a mi corazón y modela mi carácter, para que yo sea confiable y fiel con los amigos que tú pongas en mi vida.

Padre, tu Hijo Jesús es mi mejor Amigo. Él es un amigo más cercano que un hermano. Él trazó el modelo al decir en Juan 15:13: «Nadie tiene amor más grande que el dar la vida por sus amigos». Gracias, Señor, porque puedo confiar mi vida y mi necesidad de amigos a ti. Me someto al liderazgo del Espíritu Santo, en el nombre de Jesús. Amén.

Referencias bíblicas

- Proverbios 13:20; 17:17; 18:24
- Efesios 5:30
- Filipenses 2:2-3
- Romanos 12:15
- Eclesiastés 4:9-10
- 1 Corintios 15:33
- Santiago 1:17
- Salmos 37:4-5; 84:11

Halla favor en los demás

Padre, en el nombre de Jesús, te ruego que hagas resplandecer tu rostro sobre _____ y tengas misericordia (gracia, amabilidad y favor) de su vida. _____ es cabeza y no cola. _____ está por encima y no debajo.

Gracias por el favor hacia _____ que busca primeramente tu reino y tu justicia, y procura el bien. _____ es una bendición para ti, Señor, así como también para *(nómbralos: familia, vecinos, compañeros de trabajo, etc.).* Gracia (favor) sea con _____ que ama al Señor Jesús con corazón sincero. _____ hace extensivo ese favor, honor y amor hacia *(nombres).* _____ fluye de tu amor, Padre. Tú derramas un espíritu de gracia sobre _____. Tú le coronaste de gloria y de honra porque es tu hijo, obra de tus manos.

_____ tiene éxito. _____ es alguien muy especial para ti, Señor.

_____ crece en el Señor, su espíritu se fortalece. Padre, tú le das a _____ sabiduría e inteligencia en toda clase de literatura y ciencia.

Tú haces que _____ halle el favor, la compasión, el afecto y la simpatía de _____ *(nombres)*. _____ se ganará el favor de todos los que se comuniquen con él en este día, en el nombre de Jesús. _____ está lleno de tu plenitud, arraigado y cimentado en amor. Tú estás haciendo muchísimo más de lo que _____ pide o se imagina, porque tu poder obra eficazmente en él.

Te doy gracias, Padre, porque _____ recibe la gracia y el favor de ti y de los hombres, en el nombre de Jesús.

Referencias bíblicas
- Números 6:25, LBLA
- Deuteronomio 28:13
- Mateo 6:33
- Proverbios 11:27
- Efesios 2:10; 3:19-20; 6:24
- Lucas 6:38
- Zacarías 12:10
- Salmo 8:5
- Lucas 2:40
- Daniel 1:9, 17
- Ester 2:15, 17

Encuentra tu pareja

Padre, me someto al constante ministerio de transformación por medio del Espíritu Santo, dándote a conocer mi petición. Prepárame para el matrimonio, haciendo que salga a la luz todo lo que ha estado oculto. Sé en quien he confiado y que la obra, ya sea que me case o no, estará segura en tus manos hasta aquel Día.

Me despojo de todo peso y del pecado que me asedia, y corro con constancia la carrera que tengo por delante, puestos los ojos en Jesús, el Autor y Consumador de mi fe. Fijo la mirada en Jesús, que perseveró frente a tanta oposición por parte de los pecadores, por eso no me cansaré ni perderé el ánimo. Él intercede por mí.

Dejo atrás los deseos turbulentos de la juventud y presto absoluta atención a la bondad, la integridad, el amor y la paz en compañía de todos los que se acercan a ti, Padre, con sinceridad. Señor, deseo y procuro con diligencia tu reino y tu justicia, y luego todas las otras cosas me serán añadidas. Por tanto, no me preocuparé ni estaré ansiosa por el futuro.

Estoy segura de que puedo confiar en ti porque tú me amaste primero. Tú me escogiste en Cristo desde antes de la fundación del mundo. Toda la plenitud de la divinidad habita en forma corporal en Él (dándole expresión completa de la naturaleza divina), y en Él he recibido esa plenitud.

Soy plena en la divinidad: Padre, Hijo y Espíritu Santo, y aspiro a la plena estatura espiritual. Él (Cristo) es la Cabeza de todo gobierno y autoridad, de cada principado y potestad angelical. Por eso, en Cristo, me siento plena. Jesús es mi Señor.

Vengo ante ti, Padre, para expresarte mi deseo de un compañero cristiano. Te ruego que tu voluntad se cumpla en mi vida. Ahora me entrego al bendito descanso porque confío y me apoyo en ti. En el nombre de Jesús. Amén.

Referencias bíblicas
- Mateo 6:10, 33-34
- 1 Corintios 4:5
- Hebreos 4:10; 12:1-3
- 2 Timoteo 1:12
- 1 Juan 4:19
- Colosenses 2:9-10

- Juan 14:1

Prepárate para el matrimonio

Padre, a veces, la soltería hace que me sienta muy sola. Por favor, consuélame en este tiempo. Ayúdame a recordar que debo ocuparme en madurar para cuando tú me muestres la persona adecuada para mi vida. Muéstrame cómo ser responsable de mi persona y cómo permitir que los demás lo sean de sí mismos.

Enséñame sobre los límites, cuáles son y cómo colocarlos en vez de levantar murallas. Enséñame sobre tu amor y cómo hablar la verdad en amor, como lo hizo Jesús.

Padre, que no sea un obstáculo para mi futuro cónyuge, para ti, ni para mí. Ayúdame a tener una buena imagen de mí misma. Guíame hacia las personas (maestros, predicadores, consejeros) y las cosas (libros, casetes, seminarios), hacia todo aquel o aquello que puedas usar para enseñarme tus caminos para ser y hacer lo bueno y ser plena.

Enséñame a elegir el compañero que tienes para mí. Dame la sabiduría que necesito para verlo con claridad y no confundirme. Ayúdame a reconocer las cualidades que tú quieres que busque en un compañero.

Padre, gracias por revelarme que la elección de una pareja no se basa solo en emociones y sentimientos, sino que en la Biblia me das normas definidas para que las use. Sé que cuando ponga estos principios en práctica, me evitaré muchos sufrimientos y problemas.

Gracias porque sé que no intentas dificultarme las cosas, sino que me conoces mejor de lo que me conozco yo misma. Tú sabes mi situación, de principio a fin. Tú conoces las cualidades y los atributos necesarios en la otra persona para que yo sea feliz en nuestra vida en común y para que él sea feliz conmigo.

Te ruego que guardes mi pie para que no caiga en una trampa o peligro. Deposito esta decisión en ti, sabiendo que harás que mis pensamientos se acomoden a tu voluntad para que mis planes se cumplan con éxito. En el nombre de Jesús te lo pido, amén.

Referencias bíblicas
- 1 Corintios 1:3-4
- Efesios 4:15
- Mateo 6:33
- Santiago 1:5-8
- Proverbios 3:26; 16:3

Esposas

En el nombre de Jesús, cultivo la belleza interior, en un espíritu suave y apacible que tiene mucho valor para Dios. Decido ser una esposa buena y fiel a mi marido, y respetarlo. No estaré ansiosa ni seré exigente. Mediante la gracia de Dios, me propongo ser agradable, simpática, amorosa, compasiva y humilde. Seré de bendición y también recibiré bendición.

Por la gracia de Dios, me entrego al ministerio constante de la transformación por medio del Espíritu Santo. Me estoy transformando en una mujer de gracia que recibe honra y en una mujer virtuosa, corona para mi esposo. Me propongo andar con sabiduría para edificar mi casa. Casas y riquezas son la herencia de los padres, y la esposa prudente viene de parte del Señor. En Cristo tengo redención, por medio de su sangre, el perdón de pecados, según las riquezas de su gracia que Él hace abundar en mí en toda sabiduría y prudencia.

Espíritu Santo, te pido que me ayudes a comprender y a apoyar a mi esposo de manera que se manifieste que estoy firme en Cristo. Enséñame a comportarme de modo que pueda mantener mi propia personalidad, pero a la vez responder a sus deseos. Somos una sola carne, y me doy cuenta de que esta unidad de las personas, que a la vez preserva la individualidad, es un misterio, pero así es cuando estamos unidos a Cristo. De manera que seguiré amando a mi esposo para que continúe este milagro.

Del mismo modo que mi esposo me da lo que me pertenece, yo procuro ser justa con mi esposo. Comparto con él mis derechos.

Estoy revestida de fuerza y dignidad, y afronto segura el porvenir. Mi familia está preparada para el futuro. No comeré del pan que es fruto del ocio (chisme, descontento y autocompasión). Decido dirigir mi casa con sabiduría, sabiendo que la sabiduría que viene de arriba es pura, pacífica, bondadosa, dócil, llena de compasión y de buenos frutos, imparcial y sincera. Amén.

Referencias bíblicas

- Efesios 1:7-8; 5:22-33
- Proverbios 11:16; 12:4; 14:1; 19:14
- Proverbios 31:25-27
- Mateo 16:19
- 1 Pedro 3:1-5, 9-9
- Salmo 51:10
- 2 Corintios 3:18
- 1 Corintios 7:2-5
- Santiago 3:17-18

El hogar

Padre, te doy gracias por bendecir mi hogar con toda bendición espiritual en Cristo Jesús.

Con piadosa sabiduría y habilidad se edifica mi casa, y con inteligencia se echan los firmes y buenos cimientos. Además, con buen juicio se llenan los cuartos de bellas y extraordinarias riquezas, de tesoros incalculables. Abundantes riquezas y prosperidad hay en nuestra casa, en el nombre de Jesús.

Nuestra casa está bien construida y es segura, cimentada en el conocimiento de la revelación de tu Palabra, Padre. Jesús es nuestra piedra angular, y Él es el Señor de nuestra casa.

Cualquiera que sea nuestra tarea, trabajamos de corazón como si fuera para ti, Señor, y no para los hombres. Nos amamos los unos a los otros con el amor de Dios, y habitamos en paz. Entrego mi hogar a tu cargo y lo confío a tu protección y cuidado.

Padre, mi casa y yo serviremos al Señor, en el nombre de Jesús. ¡Aleluya! Amén.

Referencias bíblicas
- Efesios 1:3
- Proverbios 12:7; 24:3-4
- Proverbios 15:6
- Salmo 112:3
- Lucas 6:48
- Hechos 4:11; 16:31; 20:32
- Filipenses 2:10-11
- Colosenses 3:14-15, 23
- Josué 24:15, RVC

Cuando deseas un hijo

Amado Padre, mi esposo y yo nos arrodillamos ante ti. Padre de nuestro Señor Jesucristo, de quien recibe nombre toda familia en el cielo y en la tierra, te pedimos que por medio del Espíritu y con el poder que procede de tus gloriosas riquezas, podamos ser fortalecidos con poder por tu Espíritu en lo íntimo de nuestro ser. Cristo habita en nuestros corazones por fe para que nosotros, estando arraigados y cimentados en amor, podamos comprender junto con todos los santos cuán ancho y largo, alto y profundo es el amor de Cristo, que sobrepasa nuestro conocimiento, para que seamos llenos de la plenitud de Dios.

¡Aleluya! Te alabamos Señor, porque tú le das hijos a la mujer estéril y la conviertes en una madre feliz. Te agradecemos porque tú eres quien edifica nuestra familia. Como hijos tuyos y herederos por medio de Jesucristo, recibimos tu regalo, el fruto del vientre, tu hijo, como recompensa.

Te alabamos, Padre, en el nombre de Jesús, porque sabemos que cualquier cosa que te pidamos la recibiremos, pues guardamos tus mandamientos y hacemos las cosas que son agradables a tus ojos.

Gracias, Padre, porque somos una vid fructífera en nuestra casa; nuestros hijos serán como vástagos de olivo alrededor de nuestra mesa. Somos bendecidos porque tememos al Señor.

En el nombre de Jesús oramos. Amén.

Referencias bíblicas
- Efesios 3:14-19
- Salmos 113:9; 128:3-4
- Salmo 127:3
- 1 Juan 3:22-23

El orden divino en el embarazo y el parto

Padre, en el nombre de Jesús, confieso tu poderosa Palabra en este día sobre mi embarazo y el nacimiento de mi hijo. Me pongo toda la armadura de Dios para poder estar firme contra las trampas y los engaños del diablo. Me afirmo en mi fe durante este embarazo y nacimiento, y no doy lugar al temor. Te agradezco y te alabo por haberme dado un espíritu de poder, de amor y de dominio propio. Que seas glorificado en todas las cosas.

Padre celestial, confieso que eres mi refugio. Te doy gracias porque pusiste ángeles que vigilan al hijo que vendrá y a mí. Deposito todos los cuidados y la carga de este embarazo en ti. Tu gracia me es suficiente a través de este embarazo; tú me fortaleces en mi debilidad.

Padre, tu Palabra declara que el hijo que no ha nacido aún se creó a tu imagen, maravillosamente hecho para alabarte. Me has concedido ser una madre dichosa, y soy bendecida por esta herencia que me das como recompensa. Entrego este niño a ti, y es mi ruego que crezca y me llame bienaventurada.

No tengo temor por el embarazo ni por el parto, pues confío en ti, Padre. Te doy gracias porque todas las decisiones respecto a mi embarazo y parto serán piadosas, porque el Espíritu Santo intervendrá. Sé que Jesús murió en la cruz para quitar mi enfermedad y mi dolor. Habiendo aceptado a tu Hijo Jesús como mi Salvador, confieso que mi hijo nacerá saludable y completo. Gracias, Padre, por la ley del Espíritu de vida en Cristo Jesús que me ha liberado, así como a mi hijo, de la ley del pecado y de la muerte.

Padre, gracias por protegerme, y proteger a mi bebé, y por la buena salud que gozamos. Amén.

Referencias bíblicas
- Salmos 91:1-2, 10-11; 112:7; 113:9; 127:3; 139:14
- Jeremías 1:12; 33:3
- Isaías 55:11
- Hebreos 4:12
- Efesios 6:11-12, 16
- 1 Pedro 4:11; 5:7
- 2 Corintios 12:9
- Génesis 1:26
- Proverbios 31:28
- Mateo 8:17; 18:18
- Romanos 8:2
- Santiago 4:7
- Juan 4:13

El comienzo de cada día

Padre, me presento ante ti con gozo porque este es el día que tú hiciste y me alegraré y me regocijaré en él. Obedecerte es mejor que ofrecer sacrificios, por eso me someto a tu voluntad en este día para que mis planes y propósitos se cumplan de manera que traiga honra y gloria a tu nombre. Permite que pueda estar alerta de manera espiritual y mental en este tiempo de meditación y oración.

Pongo mi familia a tu cuidado, sabiendo que eres capaz de cuidar lo que te encomiendo. Gracias por los ángeles que envías para guardarnos a mi familia y a mí en todos nuestros caminos; ellos nos levantarán con su propia mano para que no tropecemos con piedra alguna.

Gracias, Señor, por el tremendo éxito que hay en nuestra organización y por el aumento en los beneficios y la productividad que disfrutamos. Gracias por seguir influyendo en cada persona y en cada decisión de esta empresa. Gracias por tu fidelidad constante, día tras día, y por ayudarnos a convertirnos en lo que tú quieres que seamos.

Gracias, Padre, por hacer que la empresa siga creciendo y expandiéndose. Reconocemos que sin tu ayuda no sería posible; y contando con ella, podemos prosperar y tener éxito. Sigo agradeciéndote por las muchas bendiciones que has derramado sobre nosotros.

Te agradezco en especial por los compañeros de trabajo con los que me relacionaré en este día. Dame palabras de sabiduría, palabras llenas de gracia, a fin de poder alentarlos y animarlos. Padre, me arrodillo ante ti, de quien recibe nombre toda familia en el cielo y en la tierra. Te pido que por medio del Espíritu, y con el poder que procede de tus gloriosas riquezas, nos fortalezcas en lo íntimo de nuestro ser para que por fe Cristo habite en nuestro corazón.

A aquel que puede hacer muchísimo más de lo que podamos imaginarnos o pedir, por el poder que actúa eficazmente en nosotros, a Él sea la gloria en esta empresa y en Cristo Jesús por todas las generaciones, por los siglos de los siglos. En el nombre de Jesús te lo pido. Amén.

Referencias bíblicas
- Salmos 91:11-12; 118:24
- 1 Samuel 15:22
- 2 Timoteo 1:12
- Lamentaciones 3:22-23
- Josué 1:8
- Efesios 3:14-17, 20

Preparada para el éxito

Padre, te doy gracias porque la enseñanza de tus palabras ilumina. Tu Palabra es viva y poderosa. Tú me has dado un espíritu de poder, de amor y de dominio propio (una mente tranquila y equilibrada). Me nombraste ministra del nuevo pacto.

En el nombre de Jesús, voy del fracaso al éxito, dándote gracias por considerarme capaz de transmitir la herencia de los santos en luz.

Te alabo, Padre, por haberme dado todas las bendiciones celestiales por pertenecer a Cristo. Me has dado todo lo necesario para la vida y la piedad, por medio de su propia gloria y bondad. Me regocijo en Jesús, quien me ha dado vida abundante. Soy una nueva creación porque estoy (injertada) en Cristo.

Las cosas viejas pasaron. ¡Lo nuevo ha llegado! Olvido lo que queda atrás y me extiendo hacia delante para alcanzar lo que está frente a mí. Estoy crucificada con Cristo: ya no vivo yo, sino que Cristo vive en mí. Y yo vivo por la fe del Hijo de Dios, quien me amó y se entregó a sí mismo por mí.

Padre, atiendo, escucho y guardo tus palabras. Las guardaré muy dentro de mi corazón. Me dan vida (éxito), y son sanidad y salud para mi cuerpo. Por sobre todas las cosas, cuido mi corazón, porque de él mana la vida. No permitiré que el amor, la verdad y la misericordia me abandonen. Las llevaré siempre alrededor de mi cuello, las escribiré en el libro de mi corazón. Entonces, contaré con el favor de Dios y tendré buena fama entre la gente.

Padre, me deleito y mi deseo están en tu Ley, y en ella medito (la analizo y la estudio) de día y de noche. Por tanto, soy como un árbol plantado junto a corrientes de aguas, que da su fruto a su tiempo y cuya hoja no cae, y todo lo que hace prospera. *Así que, ¡gracias a Dios!, quien nos ha hecho sus cautivos y siempre nos lleva en triunfo en el desfile victorioso de Cristo.*

Referencias bíblicas

- 2 Corintios 2:14, NTV
- 2 Corintios 3:5; 5:17
- Salmos 1:2-3; 119:130
- Proverbios 3:3-4; 4:20-23
- Hebreos 4:12
- 2 Timoteo 1:7
- Colosenses 1:12-13
- Efesios 1:3
- Juan 10:10
- Filipenses 3:13
- Gálatas 2:20
- 2 Pedro 1:3

Asegura el éxito de un negocio

Padre, pongo en tus manos mis obras (mis planes y mis preocupaciones por mi negocio), y las encomiendo por completo a ti. Tú estás obrando en mí (haces que mis pensamientos coincidan con tu voluntad), a fin de que los planes (en mis negocios) se cumplan con éxito.

En el nombre de Jesús, me someto a toda clase de sabiduría y entendimiento, inteligencia práctica y prudencia que tú me has prodigado según las riquezas y la generosidad de tu favor.

Padre, obedezco tu Palabra viviendo con honestidad del fruto del trabajo de mis manos para poder compartir con los que tienen menos. En tus fuerzas, y conforme a tu gracia, proveo para mi familia y para mí. Te estoy agradecida por hacer que toda gracia (cada favor y bendición terrenal) venga a mí en abundancia para que, teniendo en todo lo suficiente, pueda abundar en toda buena obra.

Padre, gracias por los ángeles, espíritus dedicados a tu servicio divino, enviados para ayudar a los que han de heredar la salvación. En el nombre de Jesús, mi luz brillará delante de todos los hombres para que puedan ver las buenas obras y te alaben.

Te quiero agradecer por la gracia para ser diligente en buscar el conocimiento y la capacidad en los campos donde no tengo experiencia. Te pido sabiduría y la capacidad de comprender rectitud, justicia y el trato justo en cada aspecto y en cada relación personal. Afirmo que soy fiel y estoy comprometida con tu Palabra. Mi vida y mi empresa están fundadas en sus principios.

¡Gracias, Padre, por el éxito de mis negocios! En el nombre de Jesús te lo pido. Amén.

Referencias bíblicas
- Proverbios 2:9; 4:20-22; 16:3; 22:29
- Efesios 1:7-8; 4:28
- Filipenses 2:13
- Hebreos 1:14
- Mateo 5:14, 16
- 1 Timoteo 5:8
- 2 Corintios 9:8

La toma de una decisión difícil

Padre, ante ti presento esta decisión que debo tomar. Para mí es una decisión difícil por naturaleza, pero sé que contigo puede ser sencilla.

Te pido, Señor, que me ayudes a ver los dos lados de esta cuestión, y a considerar todos los hechos que esta implica. Ayúdame a evaluar de manera conveniente los aspectos positivos y negativos de esta situación.

Señor, reconozco que gran parte de ser un administrador de excelencia es la capacidad de tomar decisiones. Al procesar la información y al considerar las posibles repercusiones o beneficios de esta decisión, ayúdame a evitar la paralización del análisis. Ayúdame a obtener la información necesaria y a evaluarla con cuidado y sabiduría.

Ayúdame, Padre, a escuchar tu voz para tomar la decisión precisa y adecuada en este caso. Guárdame de actuar con precipitación, aunque también de demorar demasiado tiempo para tomar una decisión.

Padre, ayúdame a que mis deseos o mis anhelos personales influyan en lo que respecta a esta decisión que debo tomar. En su lugar, ayúdame a percibir y a elegir lo que sea mejor para mi departamento o mi empresa, más allá de lo que yo sienta en lo personal. Ayúdame a llevar adelante este proceso de la toma de decisión de manera precisa y objetiva.

Gracias por tu guía y tu dirección en esta situación. En el nombre de Jesús te lo pido. Amén.

Referencias bíblicas
- Isaías 11:2
- Colosenses 4:1
- Proverbios 28:1
- Juan 10:27
- Filipenses 2:3
- Jueces 6:12

Oración por un aumento en la productividad personal

Padre, acudo a ti sintiéndome frustrada porque no me agrada mi desempeño en el trabajo. Me da la impresión de que no soy tan eficiente ni eficaz como debiera.

Señor, te pido que me ayudes a planificar mi día, a prestarles atención a mis actividades, a mantenerme enfocada en el trabajo, a establecer prioridades en la tarea y en poder ir avanzando hacia el cumplimiento de mis objetivos.

Dame discernimiento, Padre. Ayúdame a detectar los hábitos que me impiden ser productiva. Revélame la mejor manera de realizar las tareas más tediosas y obtener el mejor resultado. Ayúdame a organizar mis esfuerzos, a programar mis actividades y a administrar mi tiempo. A través de libros, de tu Espíritu Santo, de las personas que trabajan conmigo o por el medio que tú consideres conveniente, Señor, revélame lo que necesito saber y hacer para poder ser una trabajadora más productiva y fructífera.

El deseo de mi corazón es poder darles lo mejor a ti y a mi empleador. Cuando me sienta frustrada porque esto no suceda, ayúdame, Padre, por el poder de tu Espíritu, a hacer lo que sea necesario para corregir dicha situación, a fin de volver a actuar con precisión y profesionalismo.

Gracias, Señor, por hacer que todo esto suceda en mi vida.

En el nombre de Jesús te lo pido. Amén.

Referencias bíblicas
- Salmos 118:24; 119:99
- Proverbios 9:10; 16:9; 19:21
- 1 Corintios 4:5
- Efesios 1:17

Emprende un nuevo proyecto

Señor, entrego a ti este nuevo proyecto que estamos analizando. Creo que debemos participar, es algo que debemos hacer, pero quiero contar con tu sabiduría al respecto.

Si no es de ti, Señor, por favor, instruye a nuestro espíritu. Dirígenos para que dejemos de planificar y trabajar en esto, a fin de no seguir gastando tiempo ni energías.

Si es de parte tuya, Padre, te doy gracias por tu consejo y ayuda. Danos entendimiento y discernimiento en las etapas de preparación al reunir la información necesaria para trazar el curso de acción y planificar el presupuesto de trabajo. Ayúdanos a reunir los hechos, las cifras y los datos necesarios para llevar adelante este plan según tu voluntad y tu propósito.

Gracias, Señor, por tu perspectiva y tu sabiduría. Te pido que nos des a cada uno tu guía y tu dirección por medio de tu Espíritu Santo, de modo que podamos saber cómo asimilar la información reunida y usarla de la mejor manera posible. Revélanos todo costo o gasto oculto para que podamos tenerlo en cuenta y preparar un presupuesto preciso y hacer una previsión detallada de tiempo y dinero.

Danos a cada uno de los implicados en este proyecto la capacidad para concentrar nuestra atención y enfocar nuestros esfuerzos para que podamos completar esta tarea de manera exitosa y poder darte todo el honor y la gloria a través de la misma.

En el nombre de Jesús te lo pido. Amén.

Referencias bíblicas
- Proverbios 8:12
- Isaías 11:2
- Jeremías 29:11-13; 33:3
- Efesios 1:8-9, 17
- Lucas 12:2
- Romanos 12:2

Oración por el gobierno

Padre, en el nombre de Jesús, te damos gracias por nuestro país y sus gobernantes. Oramos e intercedemos por nuestros líderes: el presidente, los diputados, los senadores, los jueces, los gobernadores, los alcaldes, los policías, y por todos los que están en autoridad sobre nosotros de alguna manera. Oramos para que el Espíritu del Señor esté sobre ellos.

Creemos que la sabiduría está en el corazón de nuestro presidente y el conocimiento le endulzará la vida. La discreción lo cuidará y la inteligencia lo protegerá del mal.

Padre, te rogamos que rodees al presidente de personas que tengan un corazón y un oído atentos al consejo sabio y que hagan lo bueno delante de tus ojos. Creemos que tú haces que sean personas íntegras y obedientes para que podamos disfrutar de una vida pacífica y tranquila con absoluta piedad y honestidad. Pedimos que nuestro gobierno sea recto, que los líderes intachables e íntegros a tus ojos se mantengan, pero que se eliminen a los malvados.

Tu Palabra declara que «dichosa [es] la nación cuyo Dios es el Señor» (Salmo 33:12). Recibimos tu bendición. Padre, tú eres nuestro refugio y nuestro baluarte en momentos de angustia (de altos costos, de miseria y de desesperación). Por eso declaramos con nuestra boca que tu pueblo habitará confiadamente en esta tierra y que *prosperaremos* en abundancia. ¡Somos más que vencedores por medio de Jesucristo!

En tu Palabra está escrito que el corazón del rey está en las manos del Señor y que tú le haces seguir el curso que has trazado. Confiamos en que el corazón de nuestro líder está en tus manos y que sus decisiones son dirigidas por ti, Señor.

Te damos las gracias porque las buenas nuevas del evangelio se esparcen por nuestra tierra. La Palabra del Señor prevalece y crece poderosamente en el corazón y la vida del pueblo. Te damos gracias por esta tierra y por los líderes que nos has dado, en el nombre de Jesús.

¡Jesús es el Señor sobre nuestro país! Amén.

Referencias bíblicas

- 1 Timoteo 2:1-3
- Proverbios 2:10-12, 21-22; 21:1
- Salmos 9:9; 33:12
- Deuteronomio 28:10-11
- Romanos 8:37
- Hechos 12:24

Oración de salvación

Dios te ama, sin importar quién seas, sin importar tu pasado. Dios te ama tanto que entregó a su único Hijo por ti. La Biblia dice: «Para que todo el que cree en él no se pierda, sino que tenga vida eterna» (Juan 3:16). Jesús entregó su vida y resucitó para que pudiéramos pasar la eternidad con Él en el cielo y experimentar lo mejor de este mundo. Si quieres recibir a Jesús en tu vida, repite la siguiente oración en voz alta, sintiéndola de corazón:

Padre celestial:

Vengo a ti y reconozco que soy pecador. En este momento decido dejar de lado el pecado y pedirte que me limpies de toda mi maldad. Creo que tu Hijo, Jesús, murió en la cruz por mis pecados. También creo que Él resucitó de los muertos para que yo pueda recibir el perdón de mis pecados y ser limpio mediante la fe en Él. Quiero que el Señor Jesucristo sea el Salvador y el Señor de mi vida. Jesús, elijo seguirte y quiero que me llenes del poder del Espíritu Santo. Declaro en este momento que soy un hijo de Dios. Soy libre del pecado y estoy lleno de la rectitud de Dios. Soy salvo en el nombre de Jesús. Amén.

Si hiciste esta oración por primera vez para recibir a Jesucristo como tu Salvador, escríbenos a través de nuestra página www.harrisonhouse.com.

Puedes escribirnos también a:
Harrison House
P.O. Box 35035
Tulsa, Oklahoma 74153

ACERCA DE LA AUTORA

Germaine Griffin Copeland es la autora de la serie de éxitos de librería «Oraciones con poder». Estas obras se tradujeron a varios idiomas y hay más de tres millones de ejemplares impresos. Germaine es hija del difunto Rvdo. A.H. «Buck» y Donnis Brock Griffin. Germaine vive con su esposo, Everette, en Roswell, Georgia. Tienen cuatro hijos, diez nietos y cinco bisnietos.

DECLARACIÓN DE MISIÓN
WORD MINISTRIES, INC.

Motivar a las personas al crecimiento espiritual y la plenitud emocional, animándolas a relacionarse de manera más íntima y profunda con Dios Padre al elevar oraciones con poder.

Si quieres comunicarte con *Word Ministries*, puedes escribir a:

Word Ministries, Inc.
38 Sloan Street
Roswell, Georgia 30075
o llamar al (770) 518-1065
www.prayers.org

Por favor, cuando nos escribas, incluye tus testimonios y tus motivos de oración.

Otros libros de Germaine Copeland

Oraciones con poder: Un manual de oraciones basadas en la Biblia (volumen 1)

Oraciones con poder: Un manual de oraciones basadas en la Biblia (volumen 1, Serie Favoritos)

Oraciones con poder: Un manual de oraciones basadas en la Biblia (volumen 2)

Oraciones con poder: Un manual de oraciones basadas en la Biblia (volumen 3)

Oraciones con poder para las mujeres: Edición especial para regalo

¡Más oraciones con poder!

Si *Oraciones con poder para mujeres* fue de bendición para ti, no debes perderte *Oraciones con poder para mamás*, donde su autora te muestra cómo orar mejor por ti y por tu familia respecto a cada aspecto de la vida.

Oraciones con poder para mujeres